NAPOLÉON

ET

L'ÉTERNEL

GEORGES GORRIN

NAPOLÉON IER

ET

L'ÉTERNEL

NIORT

IMPRIMERIE TH. MERCIER

1, Rue des Yvers, 1

1869

Avec le perfectionnement, la précision des armes, la finesse des calibres, l'amélioration du canon, la justesse du tir, la multiplication sinistre des engins meurtriers, des redoutables spirales, des balles explosibles, l'Europe peut se décimer par une lutte de titans si les armées se levaient, hydres rugissantes aux millions de têtes couronnées de flamme, âme de la mitraille.

Et quand l'Ange des combats plane sur le monde, toutes les armées tressaillent :

Les terribles infanteries Française, Prussienne, Autrichienne, Anglaise ;

Les zouaves, hommes-épouvante aux larges baïonnettes ;

Les turcos, aux sauvages clameurs ;

Les chasseurs de Vincennes, aux carabines prodiges ;

Les gardes impériales, magnifique agglomération d'hommes d'élite ;

Les artilleurs, aux imposants cortéges ;

Les dragons, les cuirassiers, colosses bardés de fer, aux grands chevaux frémissants ;

Les hussards, les lanciers, les rapides hulans, les cavaleries fringantes : Sarde, Piémontaise, Turque, Espagnole, Hanovrienne ;

Les régiments Helvétiens, ardents de patriotisme ;

Les hordes des Russes, jeux passifs des volontés du Czar ;

Les forces navales, prêtes à proclamer de leurs bouches de bronze l'indépendance et le respect dûs à leurs pavillons ;

Et des boulets sphériques ou coniques, de la fonte travaillée en tube infernal, les inexpugnables remparts des cités dont l'épaisseur, la solidité résisteraient aux siècles, s'écrouleront minés, démantelés ; plus de retranchements, *la terreur reine du globe.*

C'est beau le prestige de la puissance ! briguer les honneurs enviés, — aspirer au faîte du pouvoir, — être l'Élu d'un peuple ! le diriger par son auguste domination, — promulguer des lois, des décrets, — être salué d'acclamations unanimes ! astre du trône, rayonner sur les nations.....

Un prétexte de guerre se présente : un ordre ! des armements s'effectuent, les arsenaux se vident ; de tous côtés surgissent des milliers de soldats disposés à sacrifier leur existence, des colonnes compactes, massées, étincelantes d'armes.

Eriger des monuments ! avoir des effigies ! dans les instants sublimes du délire impérial se mettre au rang de Dieu ; regarder sans frémir ses foudroyantes majestés.

Les réactions de la puissance souveraine avec les forces des armées ; l'ébranlement des empires par le canon..... défier les coalitions..... Vouloir l'abaissement de l'orgueil du géant du Nord bravant le reste de l'Europe, et à la tête de cinq cent mille hommes entreprendre cette expédition..... jouer avec les rois sur l'échiquier du monde..... reculer devant les rigueurs d'un climat..... fuir devant l'horizon voilé de nuées de cavaliers, devant l'incendiaire de Kremlin..... la neige rougie du sang des braves..... le sol russe parsemé de cadavres français..... la Bérésina solidifiée de glaces et de guerriers..... ténébreuse entreprise illuminée par Moscou.

Oui, le génie est illimité ! Napoléon dissipant par sa splendeur les nuages révolutionnaires, — prédestiné à stupéfier les peuples, — rêvant la fusion des royaumes pour l'agrandissement de la France, qu'élargissaient de proportions colossales ses pensées furibondes.....

S'ébattre à son aise sur la carte du globe ! balancer l'équilibre du monde ! s'entourer d'une garde de rois ! être l'instrument des volontés de Dieu ! Il ordonne : l'astre aux éblouissements de combats s'obscurcit à Waterloo, jette ses dernières lueurs mourantes, s'éteint à Sainte-Hélène.....

Océan de pensées près d'un Océan de vagues.....

Oh ! l'âme de Napoléon, de son trône de rochers, s'envolant vers le Ciel.

Napoléon et l'Éternel se regardant à travers l'infini : entrevue solennelle du géant mortel avec le géant immortel.

Du haut des célestes sommets de l'azur, l'homme orgueil de la grande nation bénie revoyant ce globe qu'il stupéfia, — évoquant des souvenirs adorés :

Brienne ! les feux du polygone..... Lodi ! Arcole aux nuages de foudre ! la résurrection des armées secouant la poudre du sépulcre ; l'alignement des ombres menaçantes ; les explosions, stupeur des royaumes..... l'Océan traversé sous le regard anglais ; la France appelant de ses cris d'espérance sa barque libératrice..... Robespierre ! Danton ! monstres foudroyés sur l'échafaud croulant de la Révolution ; l'acclamation d'un peuple délivré d'un esclavage de sang.

Malte ! l'Egypte ! les Mamelucks ! les Pyramides ! les Alpes ! le mont Saint-Bernard ! Austerlitz ! Marengo ! Iena ! Montmirail ! Eylau ! Friedland ! Wagram.....

Et une vaste lueur, un horizon rouge, holocauste inouï de la rage moscovite..... douloureuse vision !.....

Dieu lui disant :

Tu désirais l'asservissement du monde, l'univers sous les armes, l'oppression du pouvoir avec le cratère des canons, la défaite des nations sous l'ouragan de tes armées ; l'Europe sous ta loi esclave de ton despotisme.

Vois ce globe ! il a tourné sous tes pieds ; il t'adore ! il te maudit ! car tu voulais la décentralisation de son grandiose équilibre.

Vois ces empires, dont tu rêvais les convergences vers ta France tant aimée :

L'Autriche, dont tu recherchas l'alliance en plaçant sur la tête d'une archiduchesse l'impériale couronne ;

La Prusse, ta redoutable ennemie ;

La Russie, formidable écueil, — le grand désert sibérique ;

Sur cet Océan le roc nu, sauvage, rempli de l'ombre de ta grandeur ; le point d'où tu entendais les clameurs des peuples, bouleversés par ta renommée. Les hommes furent les jouets de ta puissance, des atomes éclaircis par ta gloire.

Telle l'aurore de mon soleil dissipe les pâlissantes nuées.

Tu as voulu dépasser ta mission, enfreindre mes ordres par ton ambition démesurée, insatiable ; je t'ai désarmé de ta foudre, j'ai terni ton victorieux diadême. Un fleuve de sang te séparait de ta vision, des monceaux de cadavres, dépeuplement des races. De sa veine ouverte, l'humanité m'eut demandé vengeance en blasphèmant contre moi. Mon Univers s'ébranla sous ta chute ; le siècle, effrayé par cette catastrophe, a vu, du rocher de Guernesey, naître cette pensée, apothéose de ta gloire :

Le géant gênait Dieu !....

Et la clarté a ébloui le monde.

Tremble à présent, l'Éternité te parle.

Et l'ombre du conquérant dut s'incliner devant son juge ; lui répondre :

Pardon ! le triomphe aveugle la fierté du commandement, elle enivre, elle exalte. Pardon ! au nom d'Enghien, de mon fils proclamé roi à son berceau ; mon fils ! laissez-le moi chercher parmi vos Élus couronnés. Monde ! pardonne-moi ? je suis aux genoux de l'immortalité. Mon délire, ma soif des combats, c'était pour ma Vierge guerrière ; je voulais la ceindre d'écharpes de drapeaux. De mes bulletins de victoires j'inondais ses archives, ses fastes militaires de mes proclamations. Je défendais son honneur contre les rébellions. Oui, j'espérais voir devant son sein l'Europe prosternée, le Czar courbant son front altier ; il offusquait ma gloire, j'ai voulu fondre sur lui avec ma vaillante armée, comme une trombe de fer et de feu la faire pénétrer au cœur de son climat ; aigle, je l'enlaçais de mes serres : il cédait, implorant la capitulation. Oh ! la Russie s'humiliant à mes pieds ; la Russie ! vaste réseau de déserts, monstrueuse d'étendue, de population ; sentinelle avancée sur l'Europe et l'Asie, qu'elle domine ; barbare frayeur des nations..... C'était un rêve ! mais par la pensée être maître du monde ! La France ! reine clémente établissant les nouvelles divisions de la terre ; ses couleurs nationales ondoyant sur tous les continents..... Paris ! l'unique ville impériale..... la convocation des souverains au Louvre ! leurs diadêmes conquis ! leur consternation !..... Pardon si j'écoutais des tremblements sourds de cités ébranlées.

Je fus le colosse d'un siècle ! j'ai traîné après mon char la gloire asservie. Devant moi s'abaissaient toutes les Majestés. Mes soldats pleuraient d'enthousiasme ; ils aimaient tant leur chef près de leurs rangs serrés ; ils découvraient leurs fronts cicatrisés devant leur idole de guerre. Inviolable, j'étais pour eux un Dieu ; une invisible égide me dérobait à la mort, sous le feu des canons je passais triomphant. J'étais béni de la vie expirante, le dernier battement du cœur de mes guerriers était pour moi l'expression de leur amour, l'homme surhumain né d'un foudroyant prodige, l'ange les abritant de mes ailes de victoires. Quand la mort tendait ses bras glacés, ils s'y précipitaient audacieusement, m'adressant adieu de leurs regards ouverts sur vos beautés.

J'aimais les combats! j'abattais sous mon glaive la fierté étrangère. J'aimais le Rhin, aux bords ombreux d'armées haletantes, hérissées de lames, avalanches humaines aux indomptables bonds. J'aimais les roulements des canons, mes batteries démasquant leurs volcans, mes cuirassiers chargeant sur les carrés ennemis, mes infanteries résistantes aux trouées des mitrailles, mes grenadiers farouches, les galops impétueux de mes aides-de-camp, éclairs de mes ordres aux ailes indécises de mes fronts de bataille. Je déjouais les projets de mes adversaires, j'annulais leurs manœuvres par les prévisions de mes tactiques ignorées des généraux illustres : d'Annibal, d'Alexandre, des plus valeureux capitaines.

Oui, j'aimais la terre retentissante sous l'ouragan de mes armées; mes ennemis mordant la poussière, l'Autrichien rebelle près du Prussien superbe. Ils tombaient pêle-mêle sur l'arène; leurs soupirs de mort, sublimes d'éloquence, disaient à leurs tressaillantes patries : C'est un Dieu mortel! il foudroie l'Europe! le Dieu de l'Univers l'a couronné de sa puissance; il marche et ne craint rien dans ses rapides élans..... J'aimais les réceptions triomphales, les villes pavoisées, leurs drapeaux frangés d'or, les fêtes décorées de torrents populaires, les ovations, les hommages, mes escadres d'honneur dans les rades tonnantes; je brûlais d'encombrer les cités de l'affluence de mes troupes, de signaler les royaumes comme étapes de mes armées, affaissées sous leurs lauriers..... J'aimais le tumulte des camps, leur agitation; m'isoler dans ma tente, dévoiler des mystères de stratégie..... puis à l'aurore l'éblouissement des armes, la poitrine étoilée des braves. J'aimais dans les temples où l'homme vous révère le retentissement des *Te Deum*, des hymnes; je pleurais, moi le triomphateur; moi! l'ange aux cris de guerre; moi! la perturbation de l'Europe, l'énigme de vos décrets. Je fus la délivrance! la palpitation du cœur de la France, la fascination des oppresseurs, la liberté d'un peuple!..... Mon génie donnait à ses limites territoriales la configuration européenne. Depuis l'Océan polaire jusqu'aux mers tempérées, sillonnées par les flottes anglaises, son pavillon commandait souverain; les zones repliaient leurs étendards, elles respectaient le nom Français. Je disposais à mon gré de la destinée des empires. J'ai vu les rois chanceler sur les marches croulantes de leurs trônes, de leurs débiles mains s'échapper leurs sceptres débonnaires. Je fus un oracle de génie resplendissant à l'Orient des nations, un de vos rayons illuminant la terre, comme un éclair fatidique de régence de la puissance divine; vers moi gravitaient toutes les monarchies, les représentants des vieilles dynasties. Je parus! un peuple m'éleva sur les pavois de son trône, je devins son âme de feu bondissante au milieu des combats. Je fus la faulx de la Mort, frappant ses coups les plus profonds, la punition des hommes par la diminution de leur nombre. De vapeurs de sang j'assombrissais l'azur; il coulait! flots pourpres d'existences ruisselants sous l'immobile cadavre. Le trépas marchait à mes côtés, drapant l'humanité du crêpe de ses voiles. On a cru voir en moi l'Archange des fureurs des désastres! le fossoyeur de la tombe du monde! tout me criait : tu es l'envoyé de Dieu! oui, jusqu'au hennissement de mon coursier de guerre, quant à la tête de mon état-major je volais aux combats, suivi d'escortes de canons..... Je frémissais devant les ossuaires de mes champs de carnage; mais ma mission était tracée, la voix de mes armées m'appelait son amour, quand voilées de drapeaux elles parcouraient l'Europe en deuil. Elles furent mon jeu contre les empires redoutant mon sceptre de tonnerre. La terre arma contre moi sa confédération de haine, de vengeance; elle prémédita mon abdication, ma déchéance; je devais reparaître sur la scène du monde, aversion grandie par l'infortune; une dernière fois rallier les débris de ma vieille garde, être encore le soutien de mes intrépides légions, la défense de ma France menacée d'invasion, démoralisée, car à son horizon sombre d'armées liguées s'avançaient les flots dévastateurs des peuples en courroux.

Et après Fontainebleau, ses larmes héroïques, ce fut les Cent Jours, ère fatale! déclin de mon prestige; la trahison, l'abandon, la défection, les transfuges, Waterloo enfin!! le suprême effort, l'échec mortel de ma gloire..... ensuite le *Bellérophon!* ma captivité! des siècles d'agonie sur un rocher battu par les tourmentes; l'expiation! seul avec mes remords et mon génie, ombre se projetant encore sur le monde. Oh! j'ai souffert, moi! le lion des combats; moi! l'exilé réduit au silence, à l'inaction, devant le désarmement de ma France adorée; moi! le réprouvé des nations. C'était la damnation; moi vivant et la France soumise aux volontés des monarques vengeurs; je ne pouvais m'opposer à l'envahissement des forces alliées foulant son territoire de leurs pieds sacrilèges, comme une mer irrésistible d'extension ses vagues majestueuses avaient autrefois menacé de submerger l'Europe, et je voyais alors les souverains, pâles encore de terreur, restreindre ses bornes; l'étranger lui imposer des lois.

La France! elle vous adore, vous êtes son appui, vous combattez pour elle, vous la sauvez quand elle se débat faiblissante; elle se relève fougueuse, belle de hardiesse par vos miraculeuses interventions; ses étendards flottent au soleil de la gloire. Vous m'avez choisi pour la sortir du gouffre de la Révolution; autrefois ce fut Jeanne d'Arc, lorsqu'elle était cernée par l'Anglais..... l'Anglais! est-il donc l'exécuteur de vos arrêts?..... Jeanne d'Arc! délivrance elle aussi, prisonnière, martyre; son bûcher de mort allumé par les mains des Anglais..... La France, cette nation éprouvée bien des fois, asile du génie, de ses innovations, elle sera toujours la conciliatrice des peuples. Quand elle tire son invincible épée, les puissances frissonnent, elles s'adressent un qui-vive d'alarme, le fracas des armes retentit. Reine par son patriotisme, elle lutte avec transport, elle résiste à l'épreuve, convertie en caserne d'où sort la levée en masse, millions de combattants inondant ses frontières, jeunesse admirable de discipline, d'enthousiasme pour la défense sacrée de la patrie.

Ne me maudissez pas ? ne me fermez pas l'immortel Panthéon des héros ? J'ai expié mes fautes par la réprobation ; loin de moi se pacifiait le monde, le bronze était muet, les troupes inactives, les armes en faisceaux : l'Europe épuisée reprenait ses forces, les regards dirigés vers son despote captif devant votre Océan ; elle respirait encore le souffle ardent des batailles. La mer me criait dans ses furies : Dieu te regarde irrité ! seul il est grand, car à ses pieds tous les infinis sont à genoux.....

Oui, tout est poussière sur ce globe où j'ai quitté ma dépouille mortelle ; tout s'écroule sous le piédestal de la mort, dont je me suis servi pour atteindre de la gloire le faîte culminant. L'onde des siècles annihile tout : les hommes, leurs monuments cyclopéens ; la destruction, c'est le glaive que rien n'émousse, de ses ailes infatigables tombe la mort sur l'humanité, sa vassale orgueilleuse. Les rois, les empereurs, avec leurs peuples et leurs villes florissantes, que sont-ils près de vous ? Quel sombre éclat répandent leurs diadêmes ? Comme ils sont faibles, terrassés ? Comme ils sentent leur néant auprès de votre grandeur ?

Près de vous, ô mon Dieu ! les conquérants regrettent leur ambitieuse fureur, ils se repentent prosternés devant vos splendeurs, ils cherchent vos regards de commisération dans l'éther diapré d'anges, et à travers les espaces béants de l'infini fulgurant d'astres, leur voix immortelle implore aussi la miséricorde du monde.

Aujourd'hui l'ombre de Napoléon demande-t-elle à Dieu :

O Seigneur ! des voûtes de l'azur, de vos pourpres écartées, regarderiez-vous l'Europe sous les armes, ses horizons orageux d'armées, leurs sonores espaces ? béniriez-vous ses démonstrations foudroyantes, son avidité d'ensanglanter la terre ?

Protégeriez-vous les drapeaux de la France ?

Uniriez-vous encore des trophées de victoires aux fleurons de son diadême radieux du soleil d'Austerlitz ?.....

Que sortirait de ces étreintes de combattants, de ces chocs de nations, de ces étincellements, de ces cadences énormes d'infanteries, de ces formidables artilleries ?... .

Seraient-elles couronnées par votre malédiction ?.....

Les démarcations de la vieille Europe seraient-elles minées par les colères grandioses de ces débordements d'hommes?.....

Oh ! pourquoi laissez-vous l'esprit humain s'appliquer aux découvertes redoutables de la destruction ?.....

Pourquoi toutes ces innovations jaillissantes de trépas ?.....

La guerre est inhumaine, pourtant elle est belle dans l'appareil de ses armements, dans ses tumultueux prestiges : une plaine accidentée où les troupes se déploient, des sommets couronnés de canons, le contraste des uniformes avec la verdure, des ondes éclatantes de régiments massés, les éclairs de l'acier, des casques, des épaulettes, des cuirasses, des coursiers piaffant de fougue aux mors neigeux d'écume.

Un souffle vague, visionnaire, rêve d'Éternité des armées avant l'action, leurs fureurs de pygmées.....

La guerre ! Dieu doit maudire ses luttes fratricides, ses mêlées où les sabres ruissellent, où des êtres abreuvent le sol de fumante rosée ; le cœur humain se serre à la pensée de ses épouvantables ravages, de ses désastres immenses, de ces baïonnettes écarlates, de ces visages horriblement défigurés, de ces agonies achevées par les pieds des chevaux, de ces champs fécondés par la mort, de ces récoltes broyées, perdues, de ces fermes dévastées, incendiées, bronzées par la poudre, démolies par l'artillerie, demeures paisibles aux éloquents décombres, où s'écoulaient les existences sereines, heureuses de leurs habitants en détresse, fugitifs et ruinés.

Oh ! assister aux batailles : distinguer des armées parmi des nuages de poudre, des tourbillons de poussière, des scintillements ; — entendre l'ébranlement des escadrons, leurs charges torrentueuses sur des remparts vivants, les clameurs des bataillons écharpées par la mitraille, fauchés par les boulets, le râle des mourants.....

Après, la réverbération des armes empourprées par la moisson de l'humanité, des groupes sanglants autour des drapeaux criblés de balles, des hampes pressées par les mains des guerriers mutilés sous les plis funèbres des haillons dorés de la gloire.

Du sang partout !..... des cadavres d'hommes et de chevaux, des corps allégés de leurs membres, l'horripilation des torturés physiques, les soubressauts de l'agonie, des muscles contractés, une tête entr'ouverte où germait la pensée, des poitrines meurtries où palpitaient de jeunes cœurs avides d'amour, de s'épanouir sous les regards adorés de la femme, des yeux caves, éteints, des doigts serrant encore des armes froissées de crispations nerveuses.

Une armée fière sous l'auréole des victoires, une autre en déroute..... au loin la retraite, les ralliements aux rappels du clairon.

Réfléchir la nuit sur ces théâtres de massacres : auprès de l'aigle, du vautour altérés de la soif du sang..... être saisi de vertige.

Et puis le lendemain, l'ensevelissement des morts, les noirs fourgons aux chargements affreux, les excavations nivelées par les cadavres, le pêle-mêle sans nom, des corps entiers et des tronçons de corps, çà et là des crânes brisés, des lèvres effrayantes de mutisme.

La décomposition activée par la chaux vive..... le squelette ! hiéroglyphe bizarre.

Et des croix isolées au-dessus des glorieux monticules, calvaires des combats où le poète se recueille, où des mères éplorées viennent parfois sanctifier toutes ces hécatombes.

Décembre 1868.